1

AGRADECIMIENTO

**Soy Jorge Sarango Licenciado
en Ciencias, Empresario,
Escritor del libro CEO.
Mi agradecimiento y dedicatoria
a mi familia mis 4 hijas Silvana
Evelin, Lorena y Bea.**

ÍNDICE

.

SEO

INTRODUCCIÓN

En el vasto océano digital, donde innumerables sitios web compiten por la atención de los usuarios y la visibilidad en los motores de búsqueda, el SEO se ha convertido en el faro que guía a las embarcaciones hacia la costa de la relevancia en línea.

En este mundo en constante evolución, la optimización de motores de búsqueda, o SEO (Search Engine Optimization), es la brújula que orienta a empresas, emprendedores y creadores de contenido en su búsqueda de éxito en internet.

Este libro, "SEO: Experto en SEO", es un viaje hacia el conocimiento profundo de una disciplina que ha revolucionado la forma en que el mundo ve y experimenta la información en línea.

A medida que las olas del cambio digital siguen avanzando, el SEO no solo se ha vuelto más esencial que nunca, sino que también se ha transformado en un arte y una ciencia en constante evolución.

A lo largo de estas páginas, exploraremos las estrategias, tácticas y secretos detrás del SEO efectivo.

Desde los fundamentos que todo principiante debe conocer hasta las estrategias avanzadas que los expertos emplean para alcanzar la cima de los resultados de búsqueda, este libro te llevará de la mano en un viaje que te convertirá en un auténtico experto en SEO.

Descubrirás cómo los motores de búsqueda, en especial el gigante Google, operan en su búsqueda por proporcionar resultados relevantes y de alta calidad a los usuarios.

Explorarás las complejidades de la investigación de palabras clave, el arte de la optimización en la página y fuera de ella, y las estrategias para crear contenido que no sólo atraiga a los visitantes, sino que también los convierta en clientes leales.

Además, abordaremos los desafíos técnicos y la analítica que respaldan una estrategia de SEO sólida, así como las tendencias emergentes que están dando forma al futuro de esta disciplina.

Así que prepárate para zarpar en este emocionante viaje hacia el mundo del SEO, donde descubrirás cómo navegar las aguas turbulentas de internet y llegar a las costas del éxito en línea.

Ya seas un profesional de marketing digital, un propietario de negocio o simplemente alguien interesado en desentrañar los misterios de la optimización para motores de búsqueda, este libro te proporcionará las herramientas y el conocimiento que necesitas para convertirte en un auténtico experto en SEO.

¡Comencemos este apasionante viaje juntos!

CAPÍTULO 1 FUNCIONAMIENTO DE LOS MOTORES DE BÚSQUEDA

Los motores de búsqueda son la columna vertebral de la web moderna, sirviendo como portales de acceso a vastos tesoros de información en línea.

Entender cómo funcionan estos motores es fundamental para cualquier persona que busque mejorar su presencia en línea a través del SEO (Search Engine Optimization).

¿Qué es un Motor de Búsqueda?

En su esencia, un motor de búsqueda es una herramienta en línea que permite a los usuarios buscar información en la web.

Los motores de búsqueda más populares, como Google, Bing y Yahoo, utilizan algoritmos complejos para rastrear, indexar y clasificar millones de páginas web en su base de datos.

El Proceso de Búsqueda

Cuando un usuario ingresa una consulta en el cuadro de búsqueda, el motor de búsqueda comienza su proceso de búsqueda.

 Aquí hay una descripción general del proceso:

Rastreo (Crawling): Los motores de búsqueda utilizan programas llamados "arañas" o "bots" para rastrear la web.

Estos bots siguen enlaces de página en página, recopilando información sobre el contenido de cada página que visitan.

Indexación:

Después de rastrear una página, el motor de búsqueda la agrega a su índice, que es una base de datos gigante de páginas web y su contenido.

La indexación permite a los motores de búsqueda recuperar rápidamente resultados relevantes cuando un usuario realiza una búsqueda.

Clasificación (Ranking):

Cuando un usuario realiza una búsqueda, el motor de búsqueda utiliza su algoritmo para clasificar las páginas indexadas en función de su relevancia para la consulta.

Los resultados se presentan en orden de clasificación, con las páginas más relevantes en la parte superior.

El Algoritmo del Motor de Búsqueda

El corazón de cualquier motor de búsqueda es su algoritmo, un conjunto complejo de reglas y factores que determinan cómo se clasifican las páginas.

Aunque los motores de búsqueda guardan celosamente los detalles exactos de sus algoritmos, hay ciertos factores ampliamente conocidos que influyen en la clasificación, como la calidad del contenido, la autoridad del sitio y la relevancia de las palabras clave.

Optimización para Motores de Búsqueda (SEO)

La optimización para motores de búsqueda, o SEO, se trata de ajustar tu sitio web y tu contenido para que sean más atractivos para los motores de búsqueda.

Al comprender cómo funcionan estos motores, puedes tomar decisiones informadas para optimizar tu sitio y mejorar su visibilidad en los resultados de búsqueda.

En resumen, el funcionamiento de los motores de búsqueda es el proceso detrás de la magia de encontrar respuestas instantáneas a nuestras preguntas en línea.

A medida que profundizamos en este libro, exploraremos cómo aprovechar este conocimiento para mejorar la visibilidad de tu sitio web y alcanzar tus objetivos en línea a través del SEO.

CAPÍTULO 2 INVESTIGACIÓN DE LA PALABRA CLAVES

La investigación de palabras clave es uno de los pilares fundamentales del SEO.

Antes de optimizar tu sitio web o crear contenido, debes comprender qué palabras claves son relevantes para tu audiencia y tu nicho.

Este capítulo te guiará a través del proceso de investigación de palabras clave de manera efectiva.

La Importancia de las Palabras Clave

Las palabras clave son los términos o frases que los usuarios ingresan en los motores de búsqueda para encontrar información en línea.

Estas palabras clave son el puente entre lo que busca tu audiencia y el contenido que ofreces. Identificar las palabras clave adecuadas es esencial porque:

Te permite comprender las necesidades y deseos de tu audiencia.

Ayuda a optimizar tu contenido para que sea más relevante para los motores de búsqueda.

Puede aumentar tu visibilidad en línea y atraer tráfico de calidad a tu sitio web.

Herramientas de Investigación de Palabras Clave

Una parte crucial de la investigación de palabras clave es el uso de herramientas especializadas.

Aquí hay algunas herramientas populares para ayudarte en este proceso:

Google Keyword Planner:

Ofrecido por Google Ads, esta herramienta proporciona ideas de palabras clave y datos de volumen de búsqueda.

SEMrush: Proporciona información detallada sobre palabras clave, incluyendo la competencia y las tendencias.

Ahrefs: Ofrece análisis exhaustivos de palabras clave y también rastrea la competencia.

KeywordTool.io: Genera sugerencias de palabras clave basadas en consultas de búsqueda reales.

Estrategias de Investigación de Palabras Clave

A continuación, se presentan algunos pasos clave para llevar a cabo una investigación de palabras clave efectiva:

Identifica tu Nicho y Tema:

Comienza por definir claramente tu nicho y el tema central de tu sitio web o contenido.

Lista de Palabras Clave Principales:

Crea una lista de palabras claves principales relacionadas con tu nicho y tema.

Estas son las palabras clave más amplias que representan tu negocio o contenido.

Búsqueda de Palabras Claves Relacionadas:

Utiliza herramientas de investigación de palabras clave para encontrar palabras clave relacionadas y sugerencias de términos de búsqueda que la gente podría usar para encontrar contenido como el tuyo.

Evalúa la Competencia:

Analiza la competencia de las palabras clave para determinar qué tan difícil será clasificar en los resultados de búsqueda.

Puedes hacerlo observando el nivel de competencia y la autoridad de los sitios web que ya se clasifican para esas palabras clave.

Prioriza las Palabras Clave:

Una vez que tengas una lista de palabras clave, priorízalas en función de su relevancia y potencial de tráfico.

Crea Contenido Relevante:

Utiliza las palabras clave de manera natural en tu contenido y optimiza elementos como títulos, metadatos y encabezados.

Realiza un Seguimiento y Ajusta:

El proceso de investigación de palabras clave es continuo.

Debes realizar un seguimiento del rendimiento de las palabras clave y ajustar tu estrategia en consecuencia.

La investigación de palabras clave es un paso fundamental para mejorar tu visibilidad en línea y atraer tráfico de calidad a tu sitio web.

Al comprender cómo investigar y seleccionar palabras clave relevantes, estarás mejor preparado para optimizar tu contenido y alcanzar tus objetivos de SEO.

CAPÍTULO 3 OPTIMIZACIÓN DE LA PÁGINA

La optimización de la página, también conocida como "on-page SEO," es un componente crucial para mejorar la visibilidad de tu sitio web en los motores de búsqueda.

En este capítulo, profundizaremos en las estrategias y técnicas para optimizar tus páginas web de manera efectiva.

Título de la Página (Title Tag)

El título de la página es uno de los elementos más importantes de la optimización en la página.

Debe ser único para cada página y contener la palabra clave principal relacionada con el contenido de esa página.

Un título atractivo y relevante puede aumentar las tasas de clics en los resultados de búsqueda.

Encabezados (Headers)

Los encabezados, etiquetados como H1, H2, H3, etc., se utilizan para organizar el contenido en una jerarquía. El H1 debe contener la palabra clave principal y proporcionar una descripción concisa del contenido de la página.

Los encabezados secundarios (H2, H3, etc.) Se utilizan para dividir y organizar el contenido adicional en la página.

URL Amigable (URL Structure)

Las URL deben ser cortas, descriptivas y fáciles de entender tanto para los motores de búsqueda como para los usuarios.

Idealmente, deben contener la palabra clave principal y reflejar la estructura del contenido de la página.

Etiquetas Meta (Meta Tags)

Las etiquetas meta incluyen la meta descripción y la metaetiqueta de palabras clave.

Aunque la metaetiqueta de palabras clave tiene menos relevancia hoy en día, la meta descripción sigue siendo importante ya que proporciona una breve descripción del contenido de la página en los resultados de búsqueda.

Asegúrate de que sea atractiva y contenga palabras clave relevantes.

Contenido de Calidad

El contenido es el núcleo de cualquier estrategia de SEO.

Debe ser único, relevante y de alta calidad.

Utiliza la palabra clave principal de manera natural en el contenido, evitando el relleno de palabras clave.

Proporciona información valiosa y responde a las preguntas de los usuarios.

Uso de Multimedia

La incorporación de imágenes, videos y otros elementos multimedia puede enriquecer la experiencia del usuario.

Asegúrate de que estos elementos estén optimizados para la carga rápida y utiliza etiquetas ALT en las imágenes.

Enlaces Internos y Externos

Los enlaces internos que dirigen a otras páginas de tu sitio web y los enlaces externos a recursos relevantes y de alta calidad pueden mejorar la navegación y la autoridad de tu sitio.

Utiliza palabras clave relevantes en los textos de enlace.

Velocidad de Carga

La velocidad de carga de la página es un factor crítico para la retención de usuarios y el SEO.

Optimiza las imágenes, minimiza el código innecesario y considera el uso de un servicio de alojamiento confiable para mejorar el rendimiento de tu sitio web.

Diseño Responsivo

Asegúrate de que tu sitio web esté diseñado para ser compatible con dispositivos móviles.

Google premia los sitios web que ofrecen una experiencia de usuario óptima en dispositivos móviles.

Pruebas y Mejoras Constantes

La optimización de la página es un proceso en evolución constante.

Realiza pruebas periódicas, evalúa el rendimiento y ajusta tu estrategia de SEO en función de los resultados.

La optimización de la página es esencial para aumentar la visibilidad de tu sitio web en los motores de búsqueda y proporcionar una experiencia de usuario de alta calidad.

Al implementar estas técnicas de manera efectiva, estarás en el camino correcto para mejorar tus clasificaciones y atraer tráfico orgánico a tu sitio web.

CAPÍTULO 4 OPTIMIZACIÓN FUERA DE LA PÁGINA

La optimización fuera de la página es una parte crucial de una estrategia de SEO exitosa.

A diferencia de la optimización en la página, que se centra en los elementos de tu sitio web, la optimización fuera de la página se refiere a las acciones que tomas fuera de tu sitio para mejorar su visibilidad en los motores de búsqueda.

En este capítulo, exploraremos las estrategias y técnicas para optimizar fuera de la página.

Construcción de Enlaces de Calidad

La construcción de enlaces, también conocida como "link building," es una de las estrategias más importantes en la optimización fuera de la página.

Los motores de búsqueda consideran los enlaces entrantes a tu sitio web como votos de confianza.

Cuantos más enlaces de calidad apunten a tu sitio, mejor será tu autoridad y clasificación en los resultados de búsqueda.

Estrategias de construcción de enlaces:

Aprende cómo identificar oportunidades de enlace, colaborar con otros sitios web y crear contenido que atraiga naturalmente a enlaces.

Calidad frente a cantidad:

Es importante enfocarse en la calidad de los enlaces en lugar de la cantidad.

Los enlaces de sitios web de alta autoridad tienen un impacto más significativo.

Marketing de Contenidos

El marketing de contenidos es una estrategia poderosa para la optimización fuera de la página.

La creación y promoción de contenido de alta calidad pueden atraer enlaces naturales, aumentar la visibilidad de tu sitio y atraer a una audiencia comprometida.

Creación de contenido valioso:

Aprende a crear contenido relevante y valioso para tu audiencia, que sea digno de compartir y enlazar.

Promoción de contenido:

Descubre cómo promocionar tu contenido a través de las redes sociales, marketing por correo electrónico y colaboraciones con influencers.

SEO Local

Si tienes un negocio local, la optimización fuera de la página se vuelve aún más importante.

Asegúrate de que tu información de negocio esté precisa y consistente en directorios locales, reseñas y perfiles de redes sociales.

Google My Business:

Aprende a optimizar tu perfil de Google My Business para mejorar tu presencia en los resultados de búsqueda locales.

Reseñas y testimonios:

Fomenta reseñas positivas y testimonios de clientes satisfechos para mejorar tu reputación en línea.

Presencia en Redes Sociales

Las redes sociales desempeñan un papel importante en la optimización fuera de la página.

Compartir contenido de manera activa en plataformas sociales puede aumentar la visibilidad de tu sitio web

y generar interacción con tu audiencia.

Estrategias de redes sociales:

Descubre cómo desarrollar una estrategia efectiva en redes sociales que incluya la promoción de contenido y la participación de la comunidad.

Relaciones Públicas en Línea

La gestión de relaciones públicas en línea puede ayudar a generar cobertura mediática y menciones de tu sitio web en sitios de noticias y blogs relevantes.

Estrategias de relaciones públicas en línea:

Aprende a identificar oportunidades de relaciones públicas y a crear comunicados de prensa efectivos.

La optimización fuera de la página es esencial para aumentar la visibilidad de tu sitio web y construir autoridad en línea.

Al implementar estas estrategias y técnicas de manera efectiva, estarás en el camino correcto para mejorar tu clasificación en los motores de búsqueda y atraer tráfico de calidad a tu sitio web desde fuentes externas.

CAPÍTULO 5 SEO MOVIL Y EXPERIENCIA DEL USUARIO

En la era de la conectividad móvil, la optimización para dispositivos móviles y la experiencia del usuario son factores críticos en el SEO.

En este capítulo, exploraremos cómo el SEO móvil y la mejora de la experiencia del usuario pueden impulsar el rendimiento de tu sitio web en los motores de búsqueda.

La Importancia del SEO Móvil

El uso de dispositivos móviles para acceder a internet ha superado al uso de computadoras de escritorio en muchas partes del mundo.

Esto significa que los motores de búsqueda valoran cada vez más la compatibilidad móvil y la experiencia del usuario en dispositivos móviles.

Diseño responsivo:

Asegúrate de que tu sitio web esté diseñado con un diseño responsivo que se adapte automáticamente a diferentes tamaños de pantalla y dispositivos.

Páginas de carga rápida:

La velocidad de carga es crítica en dispositivos móviles, por lo que debes optimizar tu sitio para una carga rápida en redes móviles.

Optimización de la Experiencia del Usuario

La experiencia del usuario es un factor que los motores de búsqueda consideran al clasificar las páginas web.

Una experiencia positiva del usuario puede aumentar la retención de visitantes y reducir las tasas de rebote.

Navegación intuitiva:

Crea una estructura de sitio web fácil de navegar, con menús claros y una organización lógica del contenido.

Diseño limpio y legible:

Utiliza un diseño limpio, con tipografía legible y un espaciado adecuado para una fácil lectura en dispositivos móviles.

Contenido optimizado para móviles:

Asegúrate de que tu contenido se vea y funcione bien en pantallas pequeñas y táctiles.

Búsqueda Local y SEO Móvil

La búsqueda local es especialmente relevante en dispositivos móviles, ya que los usuarios a menudo buscan información sobre empresas y lugares cercanos.

Google My Business:

Optimiza tu perfil de Google My Business con información precisa sobre tu ubicación, horarios y reseñas.

Marcado de datos estructurados:

Utiliza el marcado de datos estructurados para proporcionar información detallada sobre tu o direcciones y números de teléfono, que los motores de búsqueda pueden mostrar en los resultados.

Pruebas de Usabilidad Móvil

Realiza pruebas de usabilidad móvil para identificar y solucionar problemas en la experiencia del usuario en dispositivos móviles.

Esto puede incluir pruebas de velocidad, pruebas de navegación y pruebas de compatibilidad con diferentes dispositivos y navegadores móviles.

Análisis de Datos Móviles

Utiliza herramientas de análisis para rastrear el comportamiento de los usuarios en dispositivos móviles.

Esto te ayudará a comprender cómo los visitantes interactúan con tu sitio en dispositivos móviles y a identificar áreas de mejora.

La optimización para dispositivos móviles y la mejora de la experiencia del usuario en móviles son esenciales en la estrategia de SEO actual.

Al prestar atención a estos aspectos y garantizar que tu sitio ofrezca una experiencia móvil fluida y satisfactoria, estarás mejor preparado para atraer y retener a los usuarios en dispositivos móviles, lo que, a su vez,

mejorará tus clasificaciones en los motores de búsqueda.

CAPÍTULO 6 SEO TÉCNICO AVANZADO

El SEO técnico avanzado se centra en la optimización de aspectos detrás de escena de tu sitio web para mejorar su rendimiento en los motores de búsqueda.

Estos detalles técnicos pueden marcar la diferencia en la visibilidad de tu sitio.

En este capítulo, exploraremos las estrategias y técnicas avanzadas para el SEO técnico.

Rendimiento y Velocidad del Sitio

La velocidad de carga de tu sitio web es un factor crítico en el SEO y la experiencia del usuario.

Los motores de búsqueda premian los sitios rápidos, y los usuarios tienden a abandonar los sitios lentos.

Optimización de imágenes:

Comprime y optimiza las imágenes para reducir los tiempos de carga.

Caché del navegador:

Utiliza el almacenamiento en caché del navegador para permitir que los visitantes carguen tu sitio más rápido cuando regresan.

CDN (Content Delivery Network): Considera la posibilidad de utilizar una CDN para distribuir contenido estático desde servidores cercanos al usuario.

Seguridad del Sitio (HTTPS)

Los motores de búsqueda valoran la seguridad del sitio web.

La adopción del protocolo HTTPS es esencial para proteger la información del usuario y mejorar el SEO.

Certificado SSL:

Obtén un certificado SSL (Secure Sockets Layer) para habilitar HTTPS en tu sitio web.

Configuración adecuada:

Asegúrate de que la configuración de HTTPS sea correcta y que no haya errores de contenido mixto.

Estructura de URL y Redireccionamientos

Una estructura de URL limpia y redireccionamientos adecuados son esenciales para la navegación y la optimización de motores de búsqueda.

URLs amigables:

Crea URLs descriptivas y amigables que reflejen la estructura de tu sitio y el contenido de la página.

Redireccionamientos 301:

Utiliza redireccionamientos 301 para redirigir URLs antiguas o rotas a nuevas ubicaciones.

Indexación y Robots.txt

Controla cómo los motores de búsqueda indexan tu sitio y acceden a tu contenido mediante el archivo robots.txt.

Robots.txt:

Configura un archivo robots.txt para controlar qué partes de tu sitio deben ser rastreadas y cuáles deben ser excluidas.

Sitemaps:

Crea y envía un sitemap XML a los motores de búsqueda para ayudarles a indexar tu contenido de manera eficiente.

Canibalización de Palabras Claves

Evita la canibalización de palabras clave, que ocurre cuando varias páginas de tu sitio compiten por las mismas palabras clave.

Auditoría de contenido:

Realiza una auditoría de contenido para identificar y resolver problemas de canibalización.

SEO Internacional

Si tu sitio tiene una audiencia internacional, considera la implementación de estrategias de SEO internacional.

Etiquetas hreflang:

Utiliza etiquetas hreflang para indicar a los motores de búsqueda en qué idiomas y regiones se encuentra disponible el contenido.

Geolocalización:

Considera la geolocalización para dirigir el contenido a audiencias específicas según su ubicación.

Optimización para Búsqueda por Voz y Dispositivos Inteligentes

A medida que la búsqueda por voz y la tecnología de dispositivos inteligentes crecen en importancia, optimizar tu contenido para estos medios se vuelve fundamental.

Preguntas y respuestas:

Crea contenido que responda a preguntas comunes que las personas hacen a través de asistentes de voz como Siri o Google Assistant.

Estructuración de datos:

Utiliza marcado de datos estructurados para ayudar a los motores de búsqueda a entender el contenido relacionado con la búsqueda por voz.

El SEO técnico avanzado requiere un conocimiento sólido de los aspectos técnicos del sitio web.

Al aplicar estas estrategias y técnicas, estarás en una posición sólida para mejorar el rendimiento de tu sitio en los motores de búsqueda y brindar una experiencia óptima a los usuarios.

CAPÍTULO 7 ESTRATEGIAS DE CONTENIDO

El contenido es el corazón de cualquier estrategia de SEO efectiva.

En este capítulo, exploraremos en detalle cómo desarrollar y ejecutar estrategias de contenido sólidas que impulsen el tráfico orgánico y la visibilidad de tu sitio web en los motores de búsqueda.

Planificación de Contenido

Antes de crear contenido, es crucial tener una planificación sólida en su lugar.

Esto incluye:

Identificación de audiencia:

Comprende a tu audiencia objetivo, sus necesidades y problemas.

Investigación de palabras clave:

Realiza una investigación exhaustiva de palabras clave para identificar los temas relevantes y las palabras clave que tu audiencia está buscando.

Establecimiento de objetivos:

Define los objetivos claros para tu estrategia de contenido, ya sea aumentar el tráfico, generar leads o mejorar la autoridad en tu nicho.

Creación de Contenido de Calidad

El contenido de calidad es fundamental para el éxito del SEO.

Al crear contenido, ten en cuenta:

Originalidad:

Evita el contenido duplicado y asegúrate de que tu contenido aporte valor único a tus lectores.

Valor informativo:

Ofrece información útil y relevante que resuelva problemas o responda preguntas de tu audiencia.

Formato variado:

Experimenta con diferentes formatos de contenido, como artículos, videos, infografías, podcasts y más, para mantener la diversidad en tu estrategia de contenido.

Optimización de Contenido para SEO

La optimización en la página es esencial para el éxito del SEO. Asegúrate de:

Utilizar palabras clave estratégicamente: Incorpora palabras clave relevantes de manera natural en el contenido, encabezados, títulos y etiquetas meta.

Estructura adecuada:

Divide el contenido en secciones con encabezados y utiliza listas, viñetas y otros elementos para mejorar la legibilidad.

Enlaces internos y externos:

Enlaza a contenido relacionado en tu sitio y a fuentes de autoridad para mejorar la credibilidad.

Calendario de Publicación

Mantener un calendario de publicación organizado es esencial para una estrategia de contenido efectiva.

Frecuencia de publicación:

Decide con qué frecuencia publicarás nuevo contenido y mantén una programación consistente.

Planificación de temas:

Planea los temas de tus publicaciones con anticipación, teniendo en cuenta eventos relevantes y temporadas específicas.

Promoción de Contenido

La promoción adecuada es clave para llegar a una audiencia más amplia y atraer enlaces y acciones sociales.

Redes sociales: Comparte tu contenido en plataformas de redes sociales para llegar a tu audiencia y fomentar la interacción.

Email marketing:

Promociona tu contenido a través de boletines y correos electrónicos a tu lista de suscriptores.

Colaboraciones y relaciones:

Colabora con otros sitios web y bloggers en tu nicho para promocionar tu contenido de manera conjunta.

Medición y Optimización

La medición y el seguimiento de los resultados de tu estrategia de contenido son esenciales para la mejora continua.

Herramientas de análisis:

Utiliza herramientas como Google Analytics para rastrear el tráfico, las conversiones y el comportamiento del usuario en tu sitio.

A/B testing:

Realiza pruebas A/B en tus llamados a la acción y elementos de contenido para optimizar la conversión.

Ajustes continuos:

Utiliza los datos recopilados para ajustar y mejorar tu estrategia de contenido con el tiempo.

La estrategia de contenido bien planificada y ejecutada es un componente esencial del SEO.

Al seguir estas prácticas, estarás en el camino correcto para atraer tráfico orgánico, aumentar la visibilidad de tu sitio y alcanzar tus objetivos en línea.

CAPÍTULO 8 ANALITICA Y SEGUIMIENTO SEO

El éxito en SEO no solo depende de la implementación de estrategias, sino también de la capacidad para medir y evaluar el rendimiento.

En este capítulo, exploraremos cómo utilizar la analítica y el seguimiento SEO para optimizar tus esfuerzos y lograr mejores resultados.

Herramientas de Analítica SEO

Utilizar herramientas de analítica es esencial para el seguimiento y la evaluación de tu estrategia de SEO.

Algunas de las herramientas más comunes incluyen:

Google Analytics:

Ofrece información detallada sobre el tráfico, la conversión y el comportamiento del usuario en tu sitio web.

Google Search Console:

Proporciona datos específicos sobre cómo Google ve tu sitio web, incluyendo el rendimiento de búsqueda, problemas de indexación y enlaces entrantes.

Herramientas de terceros:

Herramientas como SEMrush, Ahrefs y Moz también ofrecen datos valiosos para el análisis SEO.

Configuración de Objetivos y Conversiones

Antes de comenzar a realizar un seguimiento, debes definir tus objetivos de negocio y conversiones clave.

Esto podría incluir la generación de leads, ventas de productos, suscripciones a boletines u otras acciones que sean importantes para tu sitio web.

Configuración de objetivos en Google Analytics:

Aprende a configurar objetivos específicos en Google Analytics para medir el éxito de tu estrategia.

Métricas Clave de SEO

Existen varias métricas clave que debes analizar para evaluar el rendimiento de tu estrategia de SEO:

Tráfico orgánico:

El número de visitantes que llegan a tu sitio web a través de resultados de búsqueda orgánicos.

Posición en el ranking:

La posición de tu sitio web en los resultados de búsqueda para palabras clave específicas.

Tasas de clics (CTR):

La proporción de personas que hacen clic en tu sitio web en comparación con las impresiones que recibe en los resultados de búsqueda.

Tasa de rebote:

El porcentaje de visitantes que abandonan tu sitio después de ver sólo una página.

Duración de la sesión:

Cuánto tiempo pasan los visitantes en tu sitio web.

Conversiones:

El número de visitantes que realizan una acción deseada, como hacer una compra o completar un formulario de contacto.

Informes y Análisis

Realiza análisis regularmente para evaluar el rendimiento de tu estrategia de SEO:

Informes de tráfico:

Analiza el tráfico orgánico a lo largo del tiempo y detecta patrones y tendencias.

Informes de palabras clave:

Evalúa cómo están funcionando tus palabras clave objetivo y si necesitas ajustar tu enfoque.

Informes de enlaces:

Comprueba quién enlaza a tu sitio y evalúa la calidad de los enlaces entrantes.

Ajustes y Mejoras Continuas

La analítica y el seguimiento SEO no solo se tratan de observar los números, sino también de tomar medidas basadas en los datos que recopilas.

Algunas de las acciones que puedes tomar incluyen:

Optimización de contenido:

Ajusta y mejora el contenido en función de lo que aprendas sobre el comportamiento del usuario.

Corrección de problemas técnicos:

Soluciona problemas de indexación, errores de rastreo y otros problemas técnicos que puedas identificar.

Optimización de palabras clave: Actualiza y ajusta tu estrategia de palabras clave según los resultados.

Creación de contenido nuevo:

Utiliza los datos para identificar oportunidades de contenido nuevo y valioso.

La analítica y el seguimiento SEO son procesos continuos que te ayudarán a mantener y mejorar tus clasificaciones en los motores de búsqueda con el tiempo.

Al comprender tus métricas clave y tomar medidas basadas en los datos, estarás en el camino correcto para alcanzar tus objetivos de SEO.

CAPÍTULO 9 SEO INTERNACIONAL Y TENDENCIAS FUTURAS

En un mundo cada vez más conectado, la expansión internacional y la adaptación a las tendencias emergentes son fundamentales para el éxito en SEO.

En este capítulo, exploraremos las estrategias para el SEO internacional y analizaremos algunas de las tendencias futuras que darán forma al mundo del SEO.

SEO Internacional

El SEO internacional implica optimizar tu sitio web para audiencias globales y mercados específicos en todo el mundo.

Algunos aspectos clave incluyen:

Investigación de palabras claves localizadas:

Identifica las palabras claves que son relevantes para cada mercado específico que deseas alcanzar.

Contenido localizado:

Crea contenido en varios idiomas y adapta el mensaje a las preferencias culturales y lingüísticas de cada región.

Geolocalización:

Utiliza señales geográficas, como etiquetas hreflang y marcado de datos estructurados, para indicar a los motores de búsqueda la ubicación y el idioma de tu contenido.

Optimización de velocidad y rendimiento internacional:

Asegúrate de que tu sitio web cargue rápidamente en todas las ubicaciones geográficas a las que te diriges.

SEO en múltiples dominios o subdominios:

Decide si es más apropiado utilizar un dominio genérico con subdirectorios (ejemplo.com/es/) o dominios específicos para cada país (ejemplo.es, ejemplo.fr) para tu estrategia de internacionalización.

Tendencias Futuras en SEO

El campo del SEO está en constante evolución, y es fundamental estar al tanto de las tendencias emergentes que podrían influir en tu estrategia a largo plazo.

Algunas tendencias futuras a considerar incluyen:

Búsqueda por voz y búsqueda visual:

Con la creciente adopción de asistentes de voz y tecnologías de búsqueda visual, es importante optimizar tu contenido para estas formas de búsqueda.

IA y aprendizaje automático:

Los motores de búsqueda están utilizando cada vez más algoritmos de IA y aprendizaje automático para ofrecer resultados más relevantes y personalizados.

Experiencia del usuario:

La satisfacción del usuario se convertirá en un factor aún más crítico, con un énfasis en la velocidad de carga, la facilidad de navegación y la calidad del contenido.

Contenido enriquecido y fragmentado:

El contenido enriquecido, como fragmentos destacados y fragmentos enriquecidos, seguirá siendo una tendencia importante.

Seguridad y privacidad:

Los usuarios son cada vez más conscientes de la seguridad y la privacidad en línea, por lo que es esencial asegurarse de que tu sitio cumpla con las normativas de privacidad y seguridad.

Estrategias omnicanal:

La integración de estrategias de búsqueda con otras tácticas de marketing, como redes sociales y marketing de contenidos, será crucial.

Búsqueda semántica:

Los motores de búsqueda están avanzando hacia una comprensión más profunda del significado detrás de las consultas de búsqueda, lo que significa que la calidad y la relevancia del contenido serán más importantes que nunca.

SEO móvil:

Con el aumento de la búsqueda móvil, la optimización para dispositivos móviles seguirá siendo fundamental.

Estar al tanto de estas tendencias y adaptarse a ellas es esencial para mantenerse competitivo en el mundo del SEO.

Mantente informado y dispuesto a ajustar tu estrategia a medida que evolucionen las tendencias y las tecnologías.

El SEO es un campo en constante cambio, y aquellos que se adaptan a las tendencias emergentes estarán en una posición sólida para el éxito a largo plazo.

CAPÍTULO 10 EL ALGORITMO DE GOOGLE

El algoritmo de Google es la fórmula secreta que impulsa los resultados de búsqueda en el motor de búsqueda más grande del mundo.

Comprender cómo funciona el algoritmo de Google es esencial para cualquier persona involucrada en SEO.

En este capítulo, exploraremos los aspectos clave del algoritmo de Google y cómo puedes adaptar tu estrategia de SEO para optimizar tus posibilidades de clasificación en los resultados de búsqueda.

Historia de los Algoritmos de Google

Google ha evolucionado a lo largo de los años y ha lanzado numerosas actualizaciones de algoritmo para mejorar la calidad de los resultados de búsqueda.

Algunas de las actualizaciones más conocidas incluyen Google Panda, Google Penguin, Google Hummingbird y Google BERT.

Google Panda:

Se centró en la calidad del contenido y penalizó el contenido de baja calidad y el contenido duplicado.

Google Penguin:

Se enfocó en los enlaces de retroceso y penalizó los enlaces de baja calidad y las tácticas de construcción de enlaces manipuladoras.

Google Hummingbird:

Mejoró la comprensión de las consultas de búsqueda y la intención del usuario.

Google BERT: Se centró en el procesamiento del lenguaje natural y la comprensión contextual de las consultas de búsqueda.

Factores de Clasificación Importantes

Si bien Google no divulga todos los detalles de su algoritmo, se conocen algunos factores de clasificación importantes que influyen en la posición de un sitio web en los resultados de búsqueda.

Estos incluyen:

Calidad del contenido:

El contenido de alta calidad y relevante es fundamental para el SEO.

Google premia el contenido que proporciona respuestas útiles a las preguntas de los usuarios.

Enlaces de retroceso:

 Los enlaces entrantes de sitios web de alta calidad y autoridad pueden mejorar la clasificación de tu sitio.

Palabras clave:

Utilizar palabras clave relevantes en el contenido, encabezados y etiquetas meta es esencial.

Experiencia del usuario:

La facilidad de navegación, la velocidad de carga y la capacidad de respuesta son factores clave para la experiencia del usuario, lo que a su vez afecta la clasificación.

Seguridad y confiabilidad:

Sitios web seguros (HTTPS) y confiables tienen una ventaja en el algoritmo de Google.

Marcado de datos estructurados:

Utilizar marcado de datos estructurados ayuda a los motores de búsqueda a comprender el contenido de tu sitio y mostrar resultados enriquecidos.

Actualizaciones de Algoritmo Recientes

Google realiza actualizaciones de algoritmo con regularidad para mejorar los resultados de búsqueda y adaptarse a las tendencias cambiantes en línea.

Algunas actualizaciones recientes incluyen:

Actualización Core de Google (2021):

Esta actualización se centró en la calidad del contenido y la experiencia del usuario.

Actualización Page Experience (2021):

Introdujo factores de experiencia del usuario, como el puntaje de la métrica de experiencia central de campo (FCP) y el puntaje del informe de experiencia de origen (LCP).

Cómo Adaptar tu Estrategia de SEO

Dado que Google sigue mejorando su algoritmo, es esencial adaptar tu estrategia de SEO en consecuencia.

Algunas prácticas recomendadas incluyen:

Mantente al tanto de las actualizaciones del algoritmo de Google y las tendencias de búsqueda.

Centra tu estrategia en la creación de contenido de alta calidad y la mejora de la experiencia del usuario.

Sigue las directrices de calidad de Google y evita tácticas de SEO manipuladoras.

Realiza auditorías de SEO periódicas para identificar y solucionar problemas en tu sitio.

Utiliza herramientas de análisis para rastrear el rendimiento y ajustar tu estrategia según sea necesario.

Si bien Google mantiene su algoritmo en secreto, al seguir las mejores prácticas de SEO y mantenerse actualizado sobre las tendencias y las actualizaciones de algoritmo, puedes mejorar tus posibilidades de éxito en el mundo del SEO y aumentar la visibilidad de tu sitio web en los resultados de búsqueda de Google.

CONCLUSIÓN

En el transcurso de este libro, hemos explorado los aspectos fundamentales y avanzados del SEO, desde los conceptos básicos hasta las estrategias más avanzadas.

Has recorrido un viaje a través del mundo del SEO, aprendiendo cómo optimizar tu sitio web para obtener una mejor visibilidad en los motores de búsqueda y atraer tráfico de calidad.

Ahora, estás en el camino para convertirte en un experto en SEO.

Durante este viaje, has descubierto la importancia de la investigación de palabras clave, la optimización en la página, la creación de contenido de calidad, la construcción de enlaces, la optimización móvil y muchos otros aspectos clave del SEO.

Has aprendido cómo medir y evaluar el rendimiento de tu estrategia, y has comprendido la evolución constante del algoritmo de Google y las tendencias emergentes en el mundo del SEO.

Convertirse en un experto en SEO es un proceso continuo.

Si bien has adquirido un conocimiento sólido a lo largo de este libro, es fundamental seguir aprendiendo y adaptándote a medida que el SEO y las tecnologías cambian.

Aquí hay algunos puntos clave que debes recordar a medida que avanzas en tu carrera como experto en SEO:

La Calidad Siempre Es Primordial:

El contenido de calidad, la experiencia del usuario y la relevancia son fundamentales en cualquier estrategia de SEO exitosa.

Siempre coloca la satisfacción del usuario en el centro de tus esfuerzos.

La Investigación es la Clave:

La investigación de palabras clave y la comprensión de la intención del usuario son la base de cualquier estrategia de contenido y optimización.

Mantente Actualizado:

El SEO es un campo en constante
evolución.

Sigue las noticias de SEO, las
actualizaciones de algoritmo de
Google y las tendencias emergentes
para estar al tanto de las últimas
novedades.

Prueba y Aprende:

Realiza pruebas y experimentos en tu
estrategia de SEO.

Aprende de los resultados y ajusta tu
enfoque en consecuencia.

Construye Autoridad y Confianza:

La construcción de enlaces de calidad, la optimización fuera de la página y la creación de una marca sólida son esenciales para aumentar la autoridad de tu sitio web.

La Ética es Importante:

Siempre practica SEO ético y evita tácticas manipuladoras o de sombrero negro que puedan dañar tu sitio a largo plazo.

Sé Paciente y Persistente:

El SEO puede tardar tiempo en mostrar resultados significativos.

Sé paciente y mantén una estrategia constante a lo largo del tiempo.

Mide y Analiza:

Utiliza herramientas de análisis para medir el rendimiento de tu sitio y tus esfuerzos de SEO.

Aprende de los datos y optimiza en consecuencia.

Adáptate y Abraza el Cambio:

El SEO está en constante evolución, así que mantente abierto a nuevas estrategias y tecnologías.

Comparte tu Conocimiento:

A medida que te conviertas en un experto en SEO, considera compartir tus conocimientos con otros a través de blogs, conferencias o tutoriales.

Ayudar a otros a aprender y crecer en el campo del SEO es gratificante y puede fortalecer tu propia comprensión del tema.

Con este conocimiento y enfoque, estás bien encaminado para alcanzar el estatus de experto en SEO y lograr un gran éxito en la optimización para motores de búsqueda.

El SEO es un campo apasionante y en constante evolución, y tu dedicación a aprender y mejorar te permitirá mantener un alto nivel de eficacia y competitividad en el mundo digital en constante cambio.

¡Continúa explorando, experimentando y convirtiéndote en un verdadero experto en SEO!

www.ingramcontent.com/pod-product-compliance
Lightning Source LLC
Chambersburg PA
CBHW072333290526
45794CB00002B/859